टोट बटोट

कविता

रज़ा फ़ाउण्डेशन | THE RAZA FOUNDATION

टोट बटोट

सूफ़ी तबस्सुम

सम्पादन

संगीता गुन्देचा

उर्दू से लिप्यन्तरण

शाहबानो, संगीता गुन्देचा

रेखांकन

अखिलेश

राजकमल प्रकाशन

रज़ा पुस्तक माला : **कविता** | **अनुवाद**
प्रधान सम्पादक : अशोक वाजपेयी | सम्पादक : पीयूष दईया
राजकमल प्रकाशन प्रा.लि. और रज़ा फ़ाउण्डेशन का सह-प्रकाशन

ISBN : 978-93-89577-67-9

मूल्य : ₹ 199

पहला संस्करण : 2020

प्रकाशक : राजकमल प्रकाशन प्रा. लि.
1-बी, नेताजी सुभाष मार्ग, दरियागंज
नई दिल्ली-110 002

शाखाएँ : अशोक राजपथ, साइंस कॉलेज के सामने, पटना-800 006
पहली मंज़िल, दरबारी बिल्डिंग, महात्मा गांधी मार्ग, इलाहाबाद-211 001
36 ए, शेक्सपियर सरणी, कोलकाता-700 017

वेबसाइट : www.rajkamalprakashan.com
ई-मेल : info@rajkamalprakashan.com

मुद्रक : यश प्रिंटोग्राफिक्स
नोएडा-201 301 (उत्तर प्रदेश)

TOT BATOT
by Sufi Tabassum

निरन्त, धानी, अनन्त, अनादि और सिद्धान्त के लिए

आमुख

कलाओं में भारतीय आधुनिकता के एक मूर्धन्य सैयद हैदर रज़ा अथक और अनोखे चित्रकार तो थे ही उनकी अन्य कलाओं में भी गहरी दिलचस्पी थी। विशेषत: कविता और विचार में। वे हिन्दी को अपनी मातृभाषा मानते थे और हालाँकि उनका फ्रेंच और अँग्रेज़ी का ज्ञान और उन पर अधिकार गहरा था, वे, फ्राँस में साठ वर्ष बिताने के बाद भी, हिन्दी में रमे रहे। यह आकस्मिक नहीं है कि अपने कला-जीवन के उत्तरार्द्ध में उनके सभी चित्रों के शीर्षक हिन्दी में होते थे। वे संसार के श्रेष्ठ चित्रकारों में, २०-२१वीं सदियों में, शायद अकेले हैं जिन्होंने अपने सौ से अधिक चित्रों में देवनागरी में संस्कृत, हिन्दी और उर्दू कविता में पंक्तियाँ अंकित कीं। बरसों तक मैं जब उनके साथ कुछ समय पेरिस में बिताने जाता था तो उनके इसरार पर अपने साथ नवप्रकाशित हिन्दी कविता की पुस्तकें ले जाता था : उनके पुस्तक-संग्रह में, जो अब दिल्ली स्थित रज़ा अभिलेखागार का एक हिस्सा है, हिन्दी कविता का एक बड़ा संग्रह शामिल था।

रज़ा की एक चिन्ता यह भी थी कि हिन्दी में कई विषयों में अच्छी पुस्तकों की कमी है। विशेषत: कलाओं और विचार आदि को लेकर। वे चाहते थे कि हमें कुछ पहल करनी चाहिए। २०१६ में साढ़े चौरानबे वर्ष की आयु में उनकी मृत्यु के बाद रज़ा फ़ाउण्डेशन ने उनकी इच्छा का सम्मान करते हुए हिन्दी में कुछ नयी क़िस्म की पुस्तकें प्रकाशित करने की पहल रज़ा पुस्तक माला के रूप में की है, जिनमें कुछ अप्राप्य पूर्व प्रकाशित पुस्तकों का पुनर्प्रकाशन भी शामिल है। उनमें गाँधी, संस्कृति-चिन्तन, संवाद,

भारतीय भाषाओं से विशेषत: कला-चिन्तन के हिन्दी अनुवाद, कविता आदि की पुस्तकें शामिल की जा रही हैं।

बच्चों के लिए अच्छी और दिलचस्प कविता हिन्दी में कम है। इसलिए सूफ़ी तबस्सुम की 'टोट बटोट' नाम से संकलित उर्दू कविताओं को हिन्दी में प्रस्तुत करते हुए हमें ख़ुशी है कि अब हमारे बालपाठक भी उनका लुत्फ़ उठा पायेंगे। सूफ़ी तबस्सुम की कविताएँ भारतीय उपमहाद्वीप में जानी-मानी हैं। इन्हें उर्दू लिपि से हिन्दी में लाकर उनका सुसम्पादन युवा कवयित्री संगीता गुन्देचा ने किया है। इस पुस्तक के लिए रेखांकन प्रसिद्ध चित्रकार अखिलेश ने विशेष रूप से तैयार किये हैं : उनसे कविता का रस कुछ और बढ़ गया है। हमें यह प्रस्तुति हिन्दी में करते हुए प्रसन्नता है।

अशोक वाजपेयी

नवम्बर २०१९, नयी दिल्ली

सूफ़ी तबस्सुम की नज़्में

शम्सुर्रहमान फ़ारूक़ी

सूफ़ी तबस्सुम की नज़्में

सूफ़ी तबस्सुम या पूरा नाम लिखें तो सूफ़ी ग़ुलाम मुस्तफ़ा तबस्सुम को कौन नहीं जानता। फ़ारसी के माने हुए आलिम (विद्वान), उम्दा शायर और शायरों के उस्ताद (कहा जाता है कि जब तक मुमकिन हो सका फ़ैज़ साहब अपना ताज़ा कलाम शाया होने के पहले सूफ़ी साहब को ज़रूर दिखा लेते थे) और फिर बच्चों के शायर, टोट बटोट की नज़्मों का सिलसिला लिखकर सूफ़ी साहब ने बच्चों ही नहीं बूढ़ों के दिलों में भी घर बना लिया था। सूफ़ी साहब जब तक ज़िन्दा रहे, अदबी महफ़िलों की जान रहे। उनके मकान पर नये शायरों, अफ़सानानिगारों और सहाफ़ियों (पत्रकारों) का जमघट रहता था और हर शख़्स को अपनी इस्तिताअत (सामर्थ्य) के मुताबिक उनसे फ़ायदा मिलता था। उर्दू में बच्चों के लिए शायरी की तारीख़ ख़ासी पुरानी है। मीर, मुसहफ़ी और नज़ीर अक़बराबादी से लेकर ग़ालिब तक ने ऐसी नज़्में कही हैं जो चिड़ियों, बिल्लियों, कुत्तों वग़ैरह घरेलू जानवरों के बारे में हैं। ये तो नहीं कहा जा सकता कि ये सब नज़्में बच्चों के लिए रही होंगी लेकिन उनमें बयान इतना उम्दा है कि बच्चे भी इससे ज़रूर लुत्फ़ उठाते होंगे। ग़ालिब ने एक नया काम यह किया कि बच्चों के लिए एक-दो ग़ज़लें भी लिख दीं। हुआ यूँ कि उन्होंने किसी बच्चे के लिए फ़ारसी के अल्फाज़ की मंज़ूम फ़रहंग (शब्दकोश) लिखी और 'क़ादिरनामा' उसका नाम रखा। कभी-कभी उसे 'क़ादिरनामा-ए-ग़ालिब' भी कहा गया है। यह क़ादिर कौन साहबज़ादे थे, जिनके लिए ग़ालिब ने यह फ़रहंग लिखी, यह बात अब तक तय नहीं हो सकी। कुछ

लोग कहते हैं कि यह मंज़ूम फ़रहंग ग़ालिब ने बाक़र हुसैन ख़ान और हुसैन अली ख़ान के लिए बनायी थी। ये दो बच्चे ग़ालिब की बेग़म के नवासे लगते थे और बच्चों के माँ-बाप की मौत के बाद उन्होंने उनको पाला-पोसा था। लेकिन फिर 'क़ादिरनामा' नाम क्यूँ रखा गया है, यह बात समझ में न आयी।

ख़ैर यह 'क़ादिरनामा' बच्चों की किताब तो है ही इसमें ग़ालिब ने दो ग़ज़लें भी डाल दी हैं, इन्हें हम उर्दू में बच्चों के लिए सबसे पहली ग़ज़लें कह सकते हैं। एक-दो शेर दोनों ग़ज़लों से आप भी सुनें–

वो चुरावे बाग़ में मेवा जिसे फाँद जाना याद हो दीवार का
पुल ही पर से फेर लाये हमको लोग वरना था अपना इरादा पार का

क्या कहीं खायी है हाफ़िज़ जी की मार आज हँसते आप जो खिलखिल नहीं
किस तरह पढ़ते हो रुक रुक कर सबक ऐसे पढ़ने का तो मैं क़ाइल नहीं

इन ग़ज़लों की ख़ास बात यह है कि इनमें बच्चों को कोई नसीहत नहीं दी गयी है, कोई सबक़ नहीं दिया गया है, कोई तल्क़ीन (आदेश) नहीं की गयी है कि मसलन झूठ न बोलो, माँ-बाप का हुकुम बजा लाओ वग़ैरह। यहाँ बच्चों को सिर्फ़ बच्चा समझा गया है, स्कूल का शागिर्द नहीं। ये अश्आर सिर्फ़ लुत्फ़ और ख़ुशदिली के अश्आर हैं। ये बच्चों की आज़ाद हैसियत तस्लीम (स्वीकार) करते हैं।

बाद में जब स्कूलों और मदरसों में उर्दू की तालीम आम हुई तो लोगों ने बच्चों की नज़्में लिखीं लेकिन इक्का-दुक्का के अलावा सभी नज़्में सबक़ आमोज़ी (शिक्षा) की ग़रज़ से और बच्चों को बेहतर इन्सान बनाने के लिए लिखी गयीं। मोहम्मद हुसैन आज़ाद और मौलवी इस्माइल मेरठी ने इब्तदायी (शुरुआती) दरजों के बच्चों के लिए उर्दू की जो किताबें लिखीं उनमें कुछ ख़राबियाँ ज़रूर हैं क्योंकि वे अँग्रेज़ों के तालीमी प्रोग्राम के ज़ेरे असर (प्रभाव में) बनायी गयी थीं लेकिन उनमें अलबत्ता बहुत कुछ ऐसा भी है, जो बच्चों के लिए तफ़्रीह (मनोरंजन) का सामान ज़्यादा फ़राहम (उपलब्ध) कराता है, अख़्लाक़ी सबक़ (नैतिकता का पाठ) सिखाने पर इतना ज़ोर नहीं कि नज़्म बोझिल हो जाये। इस्माइल मेरठी ने अँग्रेज़ी की बाज़ मशहूर नज़्मों को उर्दू का जामा पहनाया कि उनमें तफ़्रीह (मनोरंजन) का सामान ज़्यादा था मसलन उन्होंने–

Twinkle twinkle little star
How I wonder what you are

का तर्जुमा यूँ किया–

चमको-चमको छोटे तारों
मैं क्या जानूँ तुम क्या हो

माना कि तर्जुमा बहुत दुरुस्त नहीं है लेकिन नज़्म यूँ तो बड़ी हद तक इसमें आ गयी है।

रफ़्ता-रफ़्ता बच्चों को तालीम देना, उन्हें बेहतर इंसान बनाना इस क़िस्म के मक़ासिद बच्चों की नज़्मों पर हावी होते गये। इक़बाल ने भी बच्चों के लिए नज़्में लिखीं, ये औरों से तो हटकर थीं लेकिन इनमें भी मक़सदियत नुमाया थी अगरचे हावी नहीं थी। बहुत से ऐसे भी थे जिन्होंने पूरी ज़िन्दगी बच्चों का अदब (साहित्य) लिखा; शफ़ीउद्दीन 'नय्यर', यकता अमरोहवी, सिराज अनवर और कई दूसरे, इन सबसे बिलकुल अलग हफ़ीज़ जालन्धारी थे, जिन्होंने 'हफ़ीज़ के गीत और नज़्में' नाम से चार छोटी-छोटी जिल्दें शाया कीं। उस वक़्त तो हिन्दुस्तान में भी ये किताबें मिल जाती थीं लेकिन अब हिन्दुस्तान क्या पाकिस्तान में भी, जहाँ तक मुझे मालूम है, दस्तयाब (उपलब्ध) नहीं।

हफ़ीज़ से पहले मीरा जी ने भी एक ग़ज़ल लिखी जो या तो मज़ाहिया (हास्य) कही जाए या बच्चों की ग़ज़ल कही जाए लेकिन है वह बहुत कामयाब।

नयी शायरी का ज़माना आया तो मोहम्मद अल्वी, निदा फ़ाज़ली ने ऐसी नज़्में और ग़ज़लें कहीं जो थीं तो बड़ों के लिए लेकिन बच्चे भी उनसे लुत्फ़अन्दोज़ (आनन्दित) हो सकते थे। सिर्फ़ इब्ने इंशा ने सोच-समझकर बच्चों की फ़रहते तब्अ (दिल बहलाने) के लिए और उन्हें ख़ुश करने के लिए बहुत-सी नज़्में लिखीं। बहुत बाद में शहरयार ने भी कुछ नज़्में बच्चों के लिए कही लेकिन वे शाया नहीं हुईं।

सूफ़ी तबस्सुम की नज़्में भी नयी शायरी के आग़ाज़ के ज़माने की हैं यानी उन्होंने ये सिलसिला 1960 के आसपास शुरू किया। टोट बटोट साहब फ़ौरन मक़बूल (स्वीकृत) बल्कि मशहूर हो गये। किताबी शक्ल

में ये नज़्में 1970 में शाया हुईं। अफ़सोस कि सूफ़ी साहब ने फिर ऐसी नज़्में न लिखीं और 1978 में वे अल्लाह को प्यारे हो गये। सूफ़ी तबस्सुम की नज़्में भी सिर्फ़ बच्चों की नज़्में हैं, उनमें उस्तादाना या मुरब्बियाना (उपदेशात्मक) रवैया नहीं इख़्तियार किया गया है बल्कि बच्चों की इन्फ़रादी हैसियत (व्यक्तिगत स्वतन्त्रता) को बरक़रार रखा गया है। उनमें अख़्लाक़ी दर्स (नैतिकता की शिक्षा) तो क्या इस बात पर भी कुछ ज़ोर नहीं कि ये नज़्में बामानी हों। ये नज़्में सिर्फ़ नज़्में हैं, दिल को बहलाने के लिए, ज़ुबान का लुत्फ़ लेने के लिए, बच्चों को ख़ुश करने के लिए। इब्ने इंशा की बहुत सारी बच्चों की नज़्में हिन्दी में तब्दीली-ए-रस्मुलख़त (लिप्यन्तरण) के साथ शाया हो चुकी हैं। अफ़सोस कि सूफ़ी साहब की ये नज़्में अब हिन्दुस्तान में भी बहुत कमयाब (कम उपलब्ध) हैं। इसलिए हिन्दी रस्मुलख़त (लिपि) में भला ये कहाँ मिलतीं। हमें संगीता गुन्देचा का शुक्रगुज़ार होना चाहिए कि उनकी कोशिश और तवज्जोह से सूफ़ी साहब का टोट बटोट अब हिन्दी की वसीअतर (विस्तृत) दुनिया में जलवा अफ़रोज़ हो रहा है। उर्दू से हिन्दी में बदलने में अक्सर यह मुश्किल पेश आती है कि उर्दू को ग़लत पढ़ लेने की वजह से या सिर्फ़ ज़रा-सी बेपरवाही की बिना पर उर्दू के अल्फ़ाज़ पूरी तरह सही रूप में नागरी में मुन्तक़िल नहीं होने पाते। नागरी पढ़ने वाला इसी ग़लत इबारत को दुरुस्त समझ लेता है या वो इसे अगर दुरुस्त कर भी सके तो जान नहीं पाता कि यहाँ कुछ ग़लत हो गया है। संगीता गुन्देचा और उनकी हमकार (सहयोगी) सुश्री शाहबानो ने पूरी एहतियात और तवज्जोह से उर्दू को देवनागरी में मुन्तक़िल (परिवर्तित) किया है। जहाँ तक मैं देख सका हूँ, उन्होंने कोई ग़लती नहीं की है।

इन नज़्मों की अव्वलीन इशाअत (पहला संस्करण) के ज़माने में उर्दू में नज़्म को सफ़े पर लाते वक़्त बाज़ बातों का ख़याल रखते थे। मसलन ये कि जहाँ अच्छा मालूम हो, वहाँ सतरों या मिसरों को कुछ जगह छोड़कर लिखें। या दो या चार मिसरों के बाद कुछ मिसरे अगली सतर में कुछ जगह छोड़कर लिखे जायें। 1960 के ज़माने में इस बात का ख़ास एहतमाम रखते थे कि काग़ज़ पर नज़्म का रूप कैसा नज़र आता है। अब ये रिवाज बहुत कम नज़र आता है। ज़ेरे नज़र किताब में भी नयी रिवायत को निभाया गया है।

अस्ल किताब में कई बहुत उम्दा तस्वीरें थीं, संगीता गुन्देचा ने भी ये एहतमाम (प्रबन्ध) किया है कि नयी तस्वीरें बनवाकर हस्बे मौक़ा लगवा दी हैं। मजमूई तौर पर (कुल मिलाकर) ये कोशिश बहुत कामयाब और क़ाबिले क़द्र है। सूफ़ी तबस्सुम का यह कलाम ऐसा है कि इसे दूर-दूर तक जाना जाये। मैं दोबारा मुबारकबाद देता हूँ।

शम्सुर्रहमान फ़ारूक़ी

इलाहाबाद

सितम्बर २०१८

प्राक्कथन

एक रोज़ मैं लाहौर के मॉल रोड की फुटपाथ पर जा रहा था कि पीछे से आवाज़ आयी, एक नन्हा बच्चा कह रहा था, 'अम्मी अम्मी वो देखो टोट बटोट जा रहा है।' उसकी अम्मी ने उसे चुप कराने की कोशिश की लेकिन बच्चा फिर ज़ोर से बोला, 'नहीं-नहीं अम्मी, आपने देखा नहीं, वो टोट बटोट ही हैं।' मैं चलते-चलते रुक गया। बच्चे से मिला, उसे प्यार किया, वो बेहद ख़ुश हुआ। यूँ मालूम हुआ था जैसे उसे कोई खोयी हुई चीज़ मिल गयी हो। माँ ने मुझसे माफ़ी चाही और कहा, 'ये बच्चा आपको अरसे से मिलना चाहता था।' ये एक बच्चे की बात नहीं, बहुत से बच्चे हैं, जिन्हें टोट बटोट की तलाश है। वे अपने माँ-बाप, भाई या बहन के साथ आकर मुझसे पूछते हैं, 'ये टोट बटोट कौन है?' लेकिन टोट बटोट अब कोई फर्ज़ी किरदार नहीं है, वो बच्चों की दुनिया का जीता-जागता, चलता-फिरता किरदार है। बच्चे उससे मिलते हैं, बाते करते हैं और खेलते हैं।

सूफ़ी तबस्सुम
सितम्बर १९७०

सम्पादक की ओर से

सिविल लाईन्स में बने उनके घर के सामने पहुँचते ही वे कुछ सोचते हुए से, दरवाज़े पर टहलते हुए दिखायी दिये। मुख्य द्वार से घर के भीतर प्रवेश करने के बाद एक गलियारा पार कराते हुए उन्होंने सीधे एक वृक्ष के सामने ले जाकर खड़ा कर दिया, 'मैं सुबह से इसका संसकिरत नाम याद कर रहा हूँ।' मैंने कहा। 'पारिजात!' उन्होंने दोहराया। उनके श्वेताभ चेहरे पर किसी खोयी हुई चीज़ को पा लेनी की ख़ुशी थी। 'मैं इसे मेरठ से लेकर आया था।' इस वृक्ष का इन्तज़ार हुसैन के लिए क्या अर्थ रहा होगा, यह वही समझ सकता है, जिसने विभाजन को लेकर लिखे उनके उपन्यास 'बस्ती' को पढ़ा हो और जातक कथाओं की उनकी पुनर्रचना भी।

सन् २००४ में पाकिस्तान की यात्रा के दौरान लाहौर में इन्तज़ार हुसैन साहब, इस्लामाबाद में जनाब अहमद फ़राज़ और मोहतरमा किश्वर नाहीद से भेंट के अलावा सूफ़ी तबस्सुम साहब की किताब 'टोट बटोट की नज़्में' मिलना मैं अपनी यात्रा का हासिल कहूँगी। मैं उन दिनों एकलव्य, भोपाल से प्रकाशित बच्चों की पत्रिका 'चकमक' का सम्पादन कर रही थी इसलिए लाहौर पहुँचकर मैंने अपने मेज़बान श्री रज़ा कासिम की पत्नी रशीदा बी से बच्चों की नज़्मों के बारे में पूछा। वे मुझे बहुत उत्साह से पुस्तकों की एक बड़ी-सी दुकान पर ले गयीं, जहाँ उन्होंने बहुत-सी किताबों से नज़्में पढ़कर सुनायीं। उन नज़्मों में सूफ़ी तबस्सुम की 'टोट बटोट की नज़्में' भी शामिल थीं। टोट बटोट की नज़्मों को उपलब्ध कराने के लिए मैं रशीदा जी की बहुत शुक्रगुज़ार हूँ।

इन नज़्मों के लिप्यन्तरण का पहला ड्राफ़्ट मैंने बरकतउल्ला विश्वविद्यालय, भोपाल की फ़ारसी विभाग की अध्येता सुश्री शाहबानो के साथ तैयार किया था। उनकी असामयिक और दुःखद मृत्यु के बाद ये नज़्में कई सालों तक रखी रहीं। मैं उर्दू के बेहतरीन उपन्यासकार-कहानीकार ख़ालिद जावेद साहब को बहुत धन्यवाद पेश करती हूँ कि उन्होंने इन कविताओं पर लिखने के मेरे आग्रह को न सिर्फ़ स्वीकार किया, अनुवाद की यह पाण्डुलिपि हमारे समय के अज़ीम उर्दू उपन्यासकार और आलोचक जनाब शम्सुर्रहमान फ़ारूक़ी साहब को दिखाने की सलाह भी दी। मैं फ़ारूक़ी साहब के प्रति नतमस्तक हूँ कि उन्होंने नज़्मों के इन अनुवादों के प्रकाशन के सम्बन्ध में महत्त्वपूर्ण सुझाव तो दिये ही, भूमिका लिखकर किताब को गरिमा भी प्रदान की।

इन नज़्मों को संशोधित करने में अपनी महत्त्वपूर्ण भूमिका अदा करने के लिए मैं उर्दू कहानीकार श्री रिज़वानुल हक़ की और साथ ही चित्रकार डॉ. शिवदत्त शुक्ला की विशेष रूप से आभारी हूँ।

हमारे समय के महत्त्वपूर्ण चित्रकार श्री अखिलेश ने मेरे आग्रह पर टोट बटोट की नज़्मों को पढ़कर रेखांकन तैयार किये और किताब का आवरण एवं आकल्पन भी किया। मैं उनकी कृतज्ञ हूँ।

रज़ा फ़ाउण्डेशन के प्रबन्ध न्यासी, हिन्दी के मूर्धन्य लेखक श्री अशोक वाजपेयी और आजीवन न्यासी, सुविख्यात हिन्दी लेखक श्री उदयन वाजपेयी की मैं आभारी हूँ कि उन्होंने इस किताब को प्रकाशित करने में रुचि ली। पुस्तक को सुरुचिपूर्ण बनाने में सहयोग करने के लिए मैं हिन्दी कवि श्री पीयूष दईया का विशेष रूप से धन्यवाद ज्ञापन करती हूँ।

सूफ़ी तबस्सुम की इन नज़्मों में अर्थमयता और अर्थहीनता के बीच ऐसा कल्पना-लोक आकार लेता दिखायी देता है, जहाँ भाषा की जाग्रत और स्वप्न अवस्थाएँ घुलकर एकरस हो गयी हैं। आशा है इन नज़्मों को छोटे-बड़ों सभी की प्रियता मिलेगी।

–संगीता गुन्देचा
जुलाई, २०१९

क्रम

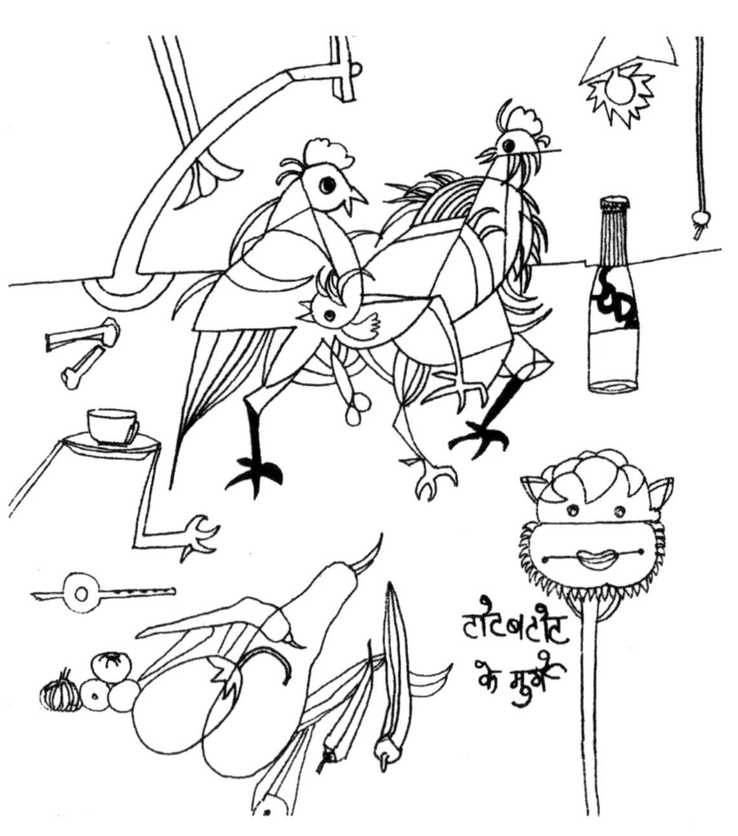
टॉटबटॉट
के मुर्गे

टोट बटोट के मुर्ग़े

टोट बटोट के दो मुर्ग़े थे
दोनों थे हुशियार
इक मुर्ग़े का नाम था गेटू
इक का नाम गिटार
इक मुर्ग़े की दुम थी पतली
इक मुर्ग़े की लाल
इक मुर्ग़े की चोंच निराली
इक मुर्ग़े की चाल
इक पहने पतलून और नेकर
इक पहने शलवार
इक पहने अँग्रेज़ी टोपी
इक पहने दस्तार
इक खाता था केक और बिस्किट
इक खाता था नान
इक चबाता लौंग सुपारी
इक चबाता पान
दोनों इक दिन शहर को निकले

लेकर आने चार
पहले सब्ज़ी मण्डी पहुँचे
फिर लुण्डे बाज़ार
इक होटल में अण्डे खाये
इक होटल में पाये
इक होटल में सोडा वॉटर
इक होटल में चाय
पेट में जूँ ही रोटी उतरी
मुर्ग़े होश में आये
दोनों उछले नाचे-कूदे
दोनों जोश में आये
इक बोला मैं बाज़ बहादुर
तू है निरा बटेर
इक बोला मैं लकड़बघेला
इक बोला मैं शेर
दोनों में फिर हुई लड़ाई
ठी ठी ठूँ ठूँ ठाहा
दोनों ने की हाथापाई
ही ही हूँ हूँ हाहा
इक मुर्ग़े ने सीख़ उठायी
इक मुर्ग़े ने डाँग

इक के दोनों पंजे टूटे
इक की टूटी टाँग
थानेदार ने हण्टर मारा
चीख़े चूँ चूँ चूँ
टोट बटोट ने गले लगाया
बोले कुकड़ूँ कूँ

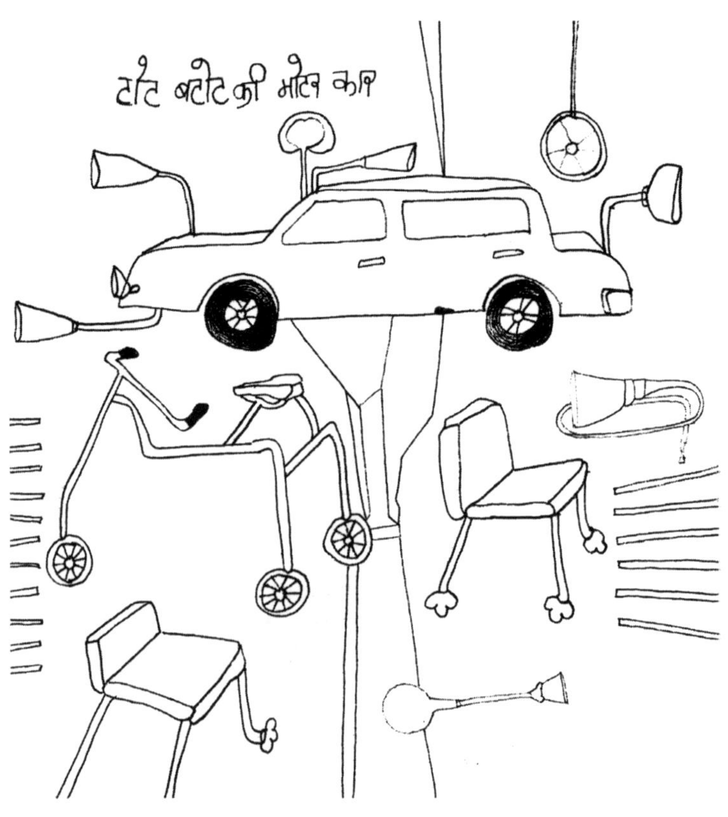
टोट बटोट की मोटर कार

टोट बटोट की मोटर कार

इस मोटर की शान निराली
दो सीटों दो पहियों वाली
तीन इंजन और हारन चार
टोट बटोट की मोटर कार

साथ हवा के उड़ती जाये
दायें बायें मुड़ती जाये
बड़ी ही सयानी बड़ी हुशियार
टोट बटोट की मोटर कार

इस मोटर का अल्ला बेली
कोई न हो तो फिरे अकेली
घूमे गली-गली बाज़ार
टोट बटोट की मोटर कार

कोई कहे ये बाइसिकल है
कोई कहे ये ट्राइसिकल है
कोई कहे ये मोटर कार
टोट बटोट की मोटर कार

जैसे चाहो इसे चला लो
जो भी चाहो इसे बना लो
बम्बूकाट का बम्बूकाट है
टोट बटोट की मोटर कार

रंगत इसकी काली काली
सूरत इसकी भोली भाली
क़ीमत इसकी साठ हज़ार
टोट बटोट की मोटर कार

टोट बटोट ने बीन बजायी

चूहे शोर मचाते आये
मेढक भी टर्राते आये
बिल्ली गाना गाती आयी
टोट बटोट ने बीन बजायी

कौवा कोयल मैना मोर
तीतर तिलयर चील चकोर
सबने मिलकर धूम मचायी
टोट बटोट ने बीन बजायी

अपने और पड़ोसी नाचे
कुँजड़े माली घोसी नाचे
नाचे दर्ज़ी धोबी नाई
टोट बटोट ने बीन बजायी

टोट बटोट ने खीर पकायी

ख़ाला उसकी लकड़ी लायी
फूफी लायी दिया सलाई
अम्मी जान ने आग जलायी
टोट बटोट ने खीर पकायी

देगची चमचा नौकर लाये
भाई चावल शक्कर लाये
बहनें लाईं दूधमलाई
टोट बटोट ने खीर पकायी

अब्बा ने दी एक इकन्नी
ख़ालू ने दी डेढ़ दुअन्नी
टोट बटोट ने आधी पाई
टोट बटोट ने खीर पकायी

जूँ ही दस्तरख़्वान लगाया
गाँव का गाँव दौड़ा आया

सारी ख़लकत दौड़ी आयी
टोट बटोट ने खीर पकायी

मेढक भी टर्राते आये
चूहे शोर मचाते आये
बिल्ली गाना गाती आयी
टोट बटोट ने खीर पकायी

कौवे आये कें कें करते
तोते आये टें टें करते
बुलबुल चोंच हिलाती आयी
टोट बटोट ने खीर पकायी

धोबी कुँजड़ा नाई आया
पन्सारी हलवाई आया
सबने आकर धूम मचायी
टोट बटोट ने खीर पकायी

गाँव भर में हुई लड़ाई
खीर किसी के हाथ न आयी
मेरे अल्लाह तेरी दुहाई
टोट बटोट ने खीर पकायी

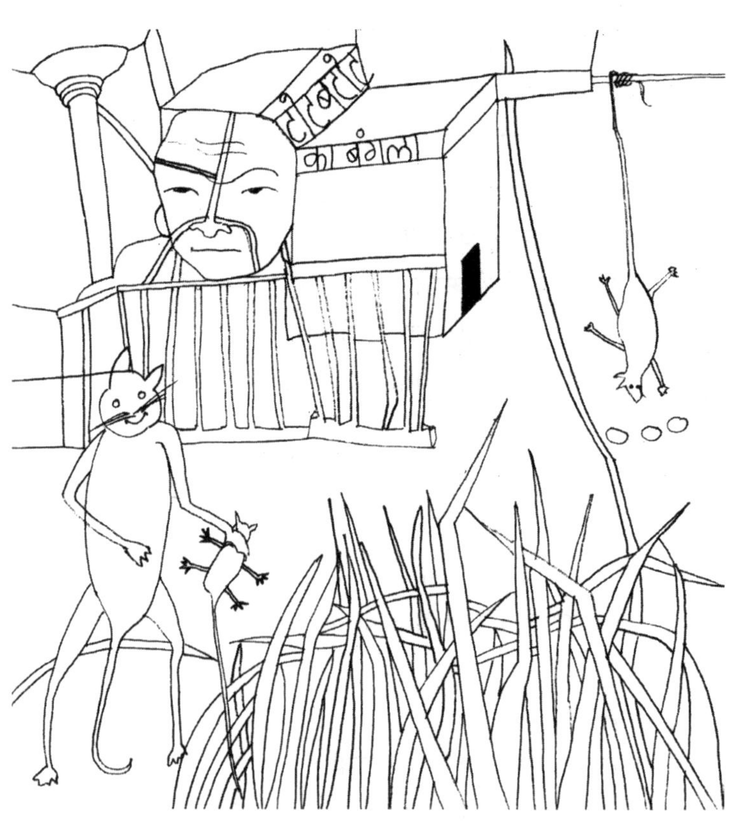

टोट बटोट का बँगला

इस घर के बाहर जँगला है
ये टोट बटोट का बँगला है

ये अण्डे हैं
ये अण्डे घर में रक्खे हैं
इस घर के बाहर जँगला है
ये टोट बटोट का बँगला है

ये चूहा है
चूहे ने अण्डे चक्खे थे
ये अण्डे घर में रक्खे थे
इस घर के बाहर जँगला है
ये टोट बटोट का बँगला है

ये बिल्ली है
बिल्ली ने चूहा मारा था

चूहे ने अण्डे चक्खे थे
ये अण्डे घर में रक्खे थे
इस घर के बाहर जँगला है
ये टोट बटोट का बँगला है

ये लड़की है
लड़की ने बिल्ली पाली थी
बिल्ली ने चूहा मारा था
चूहे ने अण्डे चक्खे थे
ये अण्डे घर में रक्खे थे
इस घर के बाहर जँगला है
ये टोट बटोट का बँगला है

ये बुढ़िया है
बुढ़िया की लड़की काली थी
लड़की ने बिल्ली पाली थी
बिल्ली ने चूहा मारा था
चूहे ने अण्डे चक्खे थे
ये अण्डे घर में रक्खे थे
इस घर के बाहर जँगला है
ये टोट बटोट का बँगला है

ये कुटिया है
कुटिया में बुढ़िया सोती थी
बुढ़िया की लड़की काली थी
लड़की ने बिल्ली पाली थी
बिल्ली ने चूहा मारा था
चूहे ने अण्डे चक्खे थे
ये अण्डे घर में रक्खे थे
इस घर के बाहर जँगला है
ये टोट बटोट का बँगला है

ये जंगल है
जंगल में कुटिया होती थी
कुटिया में बुढ़िया सोती थी
बुढ़िया की लड़की काली थी
लड़की ने बिल्ली पाली थी
बिल्ली ने चूहा मारा था
चूहे ने अण्डे चक्खे थे
ये अण्डे घर में रक्खे थे
इस घर के बाहर जँगला है
ये टोट बटोट का बँगला है

ये गाँव है
गाँव के बाहर जंगल है
जंगल में कुटिया होती थी
कुटिया में बुढ़िया सोती थी
बुढ़िया की लड़की काली थी
लड़की ने बिल्ली पाली थी
बिल्ली ने चूहा मारा था
चूहे ने अण्डे चक्खे थे
ये अण्डे घर में रक्खे थे
इस घर के बाहर जँगला है
ये टोट बटोट का बँगला है

ये मुन्ना है
मुन्ने का गाँव नंगल है
गाँव के बाहर जंगल है
जंगल में कुटिया होती थी
कुटिया में बुढ़िया सोती थी
बुढ़िया की लड़की काली थी
लड़की ने बिल्ली पाली थी
बिल्ली ने चूहा मारा था

चूहे ने अण्डे चक्खे थे
ये अण्डे घर में रक्खे थे
इस घर के बाहर जँगला है
ये टोट बटोट का बँगला है

टोट बटोट का तोता

टोट बटोट का इक तोता है
उम्र है उसकी हफ़्ते आठ
मियाँ मिट्ठू नाम है उसका
सब कहते हैं मियाँ माठ
वाह मियाँ मिट्ठू तेरे ठाठ

जो कुछ उसके सामने आये
मुँह में डाले और चबाये
चोंच तो उसकी एक़ है लेकिन
दाँत हैं उसके पूरे साठ
वाह मियाँ मिट्ठू तेरे ठाठ

बाइसिकल बस मोटर लारी
हरेक शै की करे सवारी
यक्का रेहड़ा बम्बू काठ
वाह मियाँ मिट्ठू तेरे ठाठ

रात को खाये मीठी चूरी
दिन को खाये हलवा पूरी
सुबह को खाये अस्सी लड्डू
शाम को खाये अण्डे साठ
वाह मियाँ मिट्ठू तेरे ठाठ

पेट है उसका इतना मोटा
जैसे देवों का हो लोटा
टाँगें उसकी इतनी लम्बी
जैसे कुतुब साहब की लाठ
वाह मियाँ मिट्ठू तेरे ठाठ

टोट बटोट के भाई

इक बड़ा है इक छोटा है
इक दुबला है इक मोटा है
दो कहते हैं उसको भय्या
दो कहते हैं उसको भाई
टोट बटोट की शामत आयी
टोट बटोट के चार हैं भाई

दो हँसते हैं दो रोते हैं
दो जागे हैं दो सोते हैं
टोट बटोट करे क्या भाई
टोट बटोट की शामत आयी
टोट बटोट के चार हैं भाई

लम्बे लम्बे बाल हैं उनके
गोरे गोरे गाल हैं उनके
आँखें उनकी काली काली
सूरत उनकी भोली भाली
कोई कहे ये दो बहनें हैं

कोई कहे ये दो हैं भाई
टोट बटोट की शामत आयी
टोट बटोट के चार हैं भाई

टोट बटोट की नानी बोली
ख़ाला और मुमानी बोली
बोली अम्मी फूफी ताई
हम सबका है इक इक भाई
टोट बटोट की शामत आयी
टोट बटोट के चार हैं भाई

इक भाई लँगोटी पहने
दूसरा निक्कर छोटी पहने
तीसरा पहने लम्बा कुर्ता
चौथा पहने सूट और टाई
टोट बटोट की शामत आयी
टोट बटोट के चार हैं भाई

इक खाता है हलवा पूरी
इक खाता है घी की चूरी
इक खाता है गरम पकौड़े
इक खाता है बर्फ़ मलाई

टोट बटोट की शामत आयी
टोट बटोट के चार हैं भाई

बैठे हों तो शोर मचायें
उठ बैठें तो नाचें गायें
भूखे हों तो चीख़ें मारें
पेट भरे तो करें लड़ाई
टोट बटोट की शामत आयी
टोट बटोट के चार हैं भाई

टोट बटोट के चूहे

हम चूहे टोट बटोट के हैं
हम चूहे टोट बटोट के हैं
ये जितने चूहे देखते हो
कुछ गाँव के हैं कुछ जंगल के
कुछ रहने वाले झेलम के
कुछ वासी कत्थू नंगल के
कुछ लुड्डन कुछ ममदोट के हैं
हम चूहे टोट बटोट के हैं

हम शाही नस्ल के चूहे हैं
यह तख़्त और ताज हमारा है
हर गाँव में अपनी शाही है
हर शहर में राज हमारा है
हम राजे शाही कोट के हैं
हम चूहे टोट बटोट के हैं

हम बड़े ही काम के चूहे हैं
यह शेर मियाँ किस काम का है

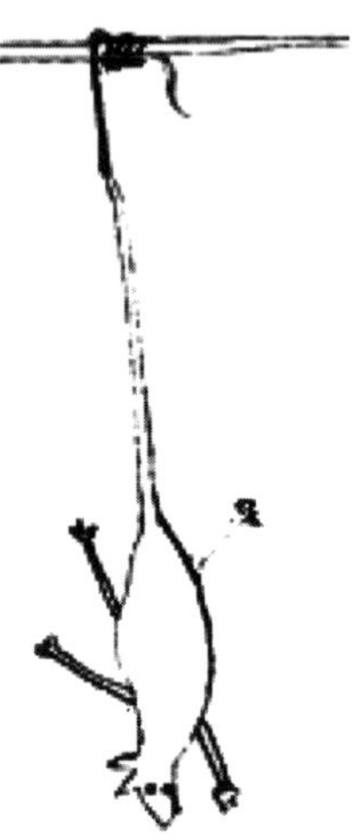

हम असली शेर बहादुर हैं
यह शेर बहादुर नाम का है
हम फ़ौजी शाही कोट के हैं
हम चूहे टोट बटोट के हैं

तुम जानते हो यह बी मानू
क्यों म्याऊँ म्याऊँ करती है
यह बिल्ली हमसे दबती है
यह बिल्ली हमसे डरती है
हम बिल्ले बागड़ बोट के हैं
हम चूहे टोट बटोट के हैं

यूँ ज़ाहिर में कमज़ोर हैं हम
पर जब भी मौज में आते हैं
ये कुत्ते गीदड़ चीज़ हैं क्या
हम शेर को भी खा जाते हैं
हम चूहे टोट बटोट के हैं
हम चूहे टोट बटोट के हैं

टोट बटोट गया बाज़ार

टोट बटोट गया बाज़ार
लेकर आया मुर्ग़े चार
हर मुर्ग़े की इक इक मुर्ग़ी
हर मुर्ग़ी के अण्डे चार
हर अण्डे में दो दो चूज़े
हर चूज़े की चोंचें आठ
हर इक चोंच में छह छह लड्डू
हर लड्डू के दाने साठ
कितने दाने बन गये यार
जल्दी जल्दी करो शुमार

टोट बटोट का नाना

इस दुनिया में इक गाँव है
इस गाँव का नाम गड़ाँव है
इस गाँव का राजा राना है
वो टोट बटोट का नाना है

इस गाँव में जितने रहते हैं
वो सब के सब यह कहते हैं
ये गाँव बड़ा पुराना है
याँ टोट बटोट का नाना है

इस गाँव के लोग निराले हैं
सब दो दो आँखों वाले हैं
बस एक ही उनमें काना है
वो टोट बटोट का नाना है

इस गाँव में जो भी आता है
फ़ौरन अहमक बन जाता है

बस उनमें एक सयाना है
वो टोट बटोट का नाना है

याँ जितने भी हमसाये हैं
सब दादे चाचे ताये हैं
याँ एक अकेला नाना है
वो टोट बटोट का नाना है

टेट बटोट की आपा

टोट बटोट की आपा

इक नन्ही मुन्नी लड़की है
वह अपने घर में रहती है
घर वाले उससे डरते हैं
वह हर इक से यह कहती है
सुन लो मैं बेबी पापा हूँ
मैं टोट बटोट की आपा हूँ

ज़ाहिर में आका बाका है
लेकिन वह बड़ी लड़ाका है
कुछ कहो तो फ़ौरन लड़ती है
लड़ती है और रो पड़ती है
यह कहकर शोर मचाती है
सुन लो मैं बेबी पापा हूँ
मैं टोट बटोट की आपा हूँ

उसकी हर बात अनोखी है
उसके सब ढंग निराले हैं

बिल्ली भी उसने पाली है
चूहे भी उसने पाले हैं
जब आपस में वो लड़ते हैं
यह कह कर उन्हें डराती है
सुन लो मैं बेबी पापा हूँ
मैं टोट बटोट की आपा हूँ

टोट बटोट ने कर ली शादी

कुछ हमजोली कुछ हमसाये
कुछ अपने कुछ लोग पराये
टोट बटोट को मिलने आये
टोट बटोट की बोली दादी
टोट बटोट ने कर ली शादी

अब न वो शोख़ी अब न वो शेख़ी
अब न वो उसकी धींगा मुश्ती
ख़त्म हुई सब हा हा ही ही
ख़त्म हुई सारी आज़ादी
टोट बटोट ने कर ली शादी

अब न वो रौनक़ है न वो मेला
दिनभर घर में रहे अकेला
बीवी ले गयी पैसा धेला

मेरे अल्लाह ये बर्बादी
टोट बटोट ने कर ली शादी

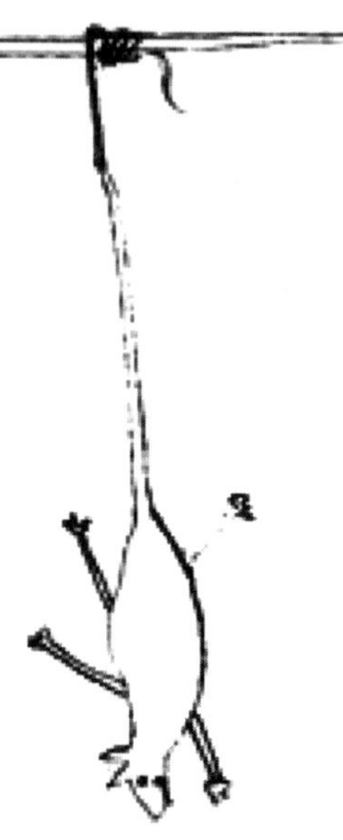

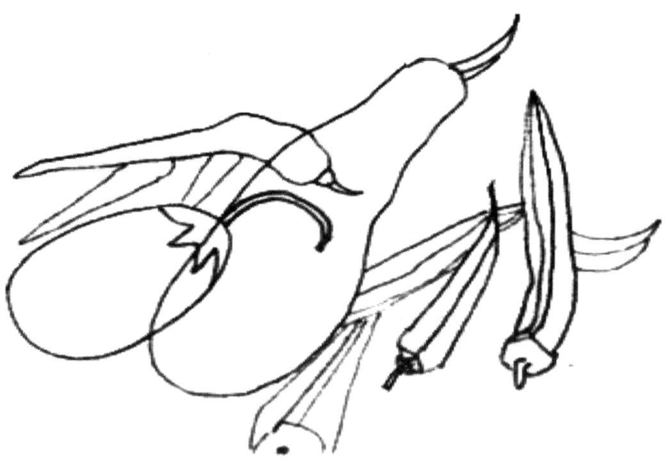

मदरसे जा रहा है टोट बटोट

आज चुपचाप सब खड़े हो जाओ
शान से आ रहा है टोट बटोट
आज कोई न और बात करो
मदरसे जा रहा है टोट बटोट
मदरसे जा रहा है टोट बटोट

साथ अपने वह लेकर आया है
एक लम्बी क़तार चूहों की
पाँच दस बीस की क़तार नहीं
पूरे अस्सी हज़ार चूहों की
शान से आ रहा है टोट बटोट
मदरसे जा रहा है टोट बटोट

साथ उसके है एक लोमड़ी भी
लोमड़ी के हैं साथ बन्दर तीन
लोमड़ी तो बजा रही है ढोल

और बन्दर बजा रहे हैं बीन
और ख़ुद गा रहा है टोट बटोट
मदरसे जा रहा है टोट बटोट

एक नौकर उठाये है कॉपी
एक नौकर लिए हुए है किताब
एक झुक कर कहे हुज़ूर हुज़ूर
एक उठ कर कहे जनाब जनाब
ठाठ दिखला रहा है टोट बटोट
मदरसे जा रहा है टोट बटोट

घर में तो उसके खाने पीने को
दूध मक्खन मलाई होती है
मदरसे का न हाल पूछिएगा
जब भी देखो पिटाई होती है
जूतियाँ खा रहा है टोट बटोट
मदरसे जा रहा है टोट बटोट

इक अलिफ़ बे भी उसको याद नहीं
क़ा-इ-दा सुन लो उससे पढ़ा कर
घर के बाहर निकल तो आया है

क्या करेगा वह मदरसे जा कर
दिल में घबरा रहा है टोट बटोट
मदरसे जा रहा है टोट बटोट

टोट बटोट निराला है

टोट बटोट निराला है
टोट बटोट की बात न पूछो
टोट बटोट निराला है

शहर में जितने लोग हैं रहते
सब उसको पहचानते हैं
बूढ़े बच्चे नन्हे मुन्ने
सारे उसको जानते हैं
कौन है जो उसको न जाने
सबका देखा भाला है
टोट बटोट की बात न पूछो
टोट बटोट निराला है

टोट बटोट की बहनें काली
अब्बा अम्मी नानी काले
चचा भी काला चची भी काली
मामू और मुमानी काले
घरवाले तो काले ही थे

हमसाया भी काला है
टोट बटोट की बात न पूछो
टोट बटोट निराला है

टोट बटोट शरीर है इतना
शैतानों का काका है
जिससे पूछो यही कहेगा
तौबा बड़ा लड़ाका है
यूँ देखो तो सीधा सादा
बिलकुल भोला भाला है
टोट बटोट की बात न पूछो
टोट बटोट निराला है

टोट बटोट की इक बिल्ली है
वह भी वैसी मोटी है
टोट बटोट की तरह से वो भी
बिलकुल टोट बटोटी है
शहर में जितने भी चूहे हैं
सबको उसने पाला है
टोट बटोट की बात न पूछो
टोट बटोट निराला है

टोट बटोट की कहानी

छोटी सी एक कहानी है
लेकिन वह बड़ी पुरानी है
मुल्तान के पास इक बस्ती थी
बस्ती में ख़िल्क़त बसती थी
उस बस्ती में जो रहते थे
सब उसको नगरी कहते थे
उस नगरी में सब नाई थे
सब टोट बटोट के भाई थे

कोई कहीं का रहने वाला हो
कोई गोरा हो या काला हो
वो लम्बा हो या छोटा हो
वो दुबला हो या मोटा हो
याँ जितने लोग भी आते थे
ये नाई उन्हें डराते थे
हम इस बस्ती के नाई हैं
हम टोट बटोट के भाई हैं

उस नगरी का इक राजा था
राजे का नाम समाजा था
सब नाई उसके पास गये
और जाकर उससे कहने लगे
या सर के बाल कटा लो तुम
या दाढ़ी मूँछ मुड़ाँ लो तुम

यह बात सुनी जब राजे ने
नगरी के मोर समाजे ने
सुनते ही राजा बोल उठा
वह सूर समाजा बोल उठा
तुम टोट बटोट के भाई हो
मैं राजा हूँ तुम नाई हो
मैं सबकी सफ़ाई कर दूँगा
मैं ख़त्म ये नाई कर दूँगा
यह सुन कर सारे भाग गये
सब डर के मारे भाग गये

अब सब हैं टोट बटोट मियाँ

अब शहर में ख़ाली राजा है
राजे का नाम अब ताजा है
अब एक ही टोट बटोट नहीं
अब सब हैं टोट बटोट मियाँ

अब दाल चपाती क्या शै है
सब केक और बिस्किट खाते हैं
क्या मतलब दूध और लस्सी से
सब इंग्लिश सूप उड़ाते हैं
सब कोका कोला पीते हैं
खाते हैं क्वीकर ओट मियाँ
अब एक ही टोट बटोट नहीं
अब सब हैं टोट बटोट मियाँ

अब नंगे सर सब फिरते हैं
अब टोपी और दस्तार कहाँ

अब चर्चा है पतलूनों का
अब पाजामा शलवार कहाँ
अब काम है कॉलर टाई से
अब पहनते हैं सब कोट मियाँ
अब एक ही टोट बटोट नहीं
अब सब हैं टोट बटोट मियाँ

अब मोटर कारें चलती हैं
अब ताँगा टम-टम क्या शै है
अब शोर है जीप के इंजन का
गाड़ी की छम छम क्या शै है
अब जो भी पैदल चलता है
लगती है उसको चोट मियाँ
अब एक ही टोट बटोट नहीं
अब सब हैं टोट बटोट मियाँ

अब इसका उसका नाम न लो
अब ऐसा वैसा कुछ भी नहीं
अब काम नहीं किरयाने का
अब धेला पैसा कुछ भी नहीं
अब जो बाज़ार में आता है

आता है लेकर नोट मियाँ
अब एक ही टोट बटोट नहीं
अब सब हैं टोट बटोट मियाँ

पहले सब पाँव छोटे थे
अब सारी उँगलियाँ छोटी हैं
पहले दो चार की मोटी थीं
अब सबकी आँखें मोटी हैं
पहले तो रोट भी रोटी थी
अब रोटी भी है रोट मियाँ
अब एक ही टोट बटोट नहीं
अब सब हैं टोट बटोट मियाँ

लाहौर हो या रावलपिण्डी
या कैम्बलपुर पेशावर हो
या गुजराँवाला चक झुमरा
या झेलम रोड़ी सख्खर हो
अब कोई भी नगरी बस्ती हो
सब शहर हैं चिड़ियाकोट मियाँ
अब एक ही टोट बटोट नहीं
अब सब हैं टोट बटोट मियाँ

जो फिरते हैं बाज़ारों में
जो खेलते हैं मैदानों में
जो लोग हैं कोठी बँगले में
जो लोग हैं तंग मकानों में
और यहाँ भी जितने बैठे हैं
हैं सारे टोट बटोट मियाँ
अब एक ही टोट बटोट नहीं
अब सब हैं टोट बटोट मियाँ

टोट बटोट के मेहमान

टोट बटोट के घर में आये दो चूहे मेहमान
इक चूहा था भोला भाला इक चूहा शैतान
टोट बटोट के घर में आये दो चूहे मेहमान

टोट बटोट ने हाथ मिलाया झुक कर किया सलाम
फिर बोला यह घर है तुम्हारा समझो मुझे ग़ुलाम
जो कुछ चाहो मुँह से माँगो हाज़िर है यह जान
टोट बटोट के घर में आये दो चूहे मेहमान

टोट बटोट की बातें सुनकर पहले वो घबराये
कुछ कुछ उनका जी ललचाया, कुछ कुछ वो शरमाये
क्या माँगे और क्या न माँगे दिल में थे हैरान
टोट बटोट के घर में आये दो चूहे मेहमान

दोनों थे दो दिन के भूखे मरते क्या न करते
दोनों ने आखिर मुँह खोला बोले डरते डरते

हम खायेंगे पहले चटनी फिर खायेंगे पान
टोट बटोट के घर में आये दो चूहे मेहमान

चटनी में था मिर्च मसाला देने लगे दुहाई
पान में चूना तेज़ लगा था फ़ौरन हिचकी आयी
सी सी सी सी सू सू सू सू खउ खउ खउ खउ खान
टोट बटोट के घर में आये दो चूहे मेहमान

चूहों की हालत न पूछो डर कर भागे चूहे
पीछे पीछे टोट बटोट था आगे आगे चूहे
अब कैसी मेहमानी यारों अब कैसा मेहमान
टोट बटोट के घर में आये दो चूहे मेहमान

टोट बटोट बड़ा हुशियार

अपने हों या हों बेगाने
कोई जाने या न जाने
टोट बटोट है सबका यार
टोट बटोट बड़ा हुशियार

गोरा हो या कोई काला
छोटा हो या दाढ़ी वाला
सब करते हैं उससे प्यार
टोट बटोट बड़ा हुशियार

भाई बहनों को तरसाये
जो मिल जाये ख़ुद ही खाये
नक़द मिले या मिले उधार
टोट बटोट बड़ा हुशियार

यूँ तो सबसे वह लड़ता है
हाथ लगे तो रो पड़ता है

करता है वह चीख़ पुकार
टोट बटोट बड़ा हुशियार

सबक सुने तो चुप रहता है
पैसे देखे तो कहता है
दो और दो होते हैं चार
टोट बटोट बड़ा हुशियार

जिसने टोट बटोट न देखा
उसने दुनिया में क्या देखा
उसका जीना है बेकार
टोट बटोट बड़ा हुशियार

जब कोई उसको पूछने आये
बोल उठते हैं सब हमसाये
टोट बटोट गया बाज़ार
टोट बटोट बड़ा हुशियार

टेटे बटेटे की
बकरी

टोट बटोट की बकरी

टोट बटोट ने बकरी पाली
दुबली पतली टाँगों वाली
दिन और रात मिठाई खाये
मक्खन दूध मलाई खाये
हलवा रबड़ी दही पनीर
मखनी दलिया खिचड़ी खीर
जो कुछ आये चट कर जाये
फिर भी उसको होश न आये

इक दिन की तुम सुनो कहानी
बकरी को याद आयी नानी
कितना ही समझाया उसको
फुसलाया बहलाया उसको
वह थी अपने मन की रानी
टोट बटोट की बात न मानी

जंगल को चल पड़ी अकेली
बकरी तेरा अल्लाह बेली
मैं मैं मैं करती थी वह
जी में लेकिन डरती थी वह

या अल्लाह कोई शेर न आये
यूँ ही मुझको खा न जाये
वही हुआ जिसका डर था
रस्ते में इक शेर का घर था
मैं मैं सुनकर बाहर आया
बकरी देख जी ललचाया

शेर को देख के डर गयी बकरी
डर गयी क्या बस मर गयी बकरी
बोली दुबली बकरी हूँ मैं
देख तो मुझमें जान नहीं है
क्या तू मुझको खा जायेगा
यह तो शेर की शान नहीं है

नानी के घर जाऊँगी मैं
मोटी होकर आऊँगी मैं
फिर उस वक़्त मुझे तुम खाना
जैसे चाहो मज़े उड़ाना

शेर पुकारा जाओ जाओ
जल्दी मोटी होकर आओ
बकरी नानी के घर आयी
सारी उसको बात बतायी

नानी बोली वारी जाऊँ
जो तुम चाहो वही सिखाऊँ
चारा खाओ घास भी खाओ
दाल भी खाओ माँस भी खाओ

दो दिन में बन ठन गयी बकरी
फूल के कुप्पा बन गयी बकरी
नानी ने इक ढोल बनाया
ढोल में बकरी को बिठलाया
बोली सुन मेरे गोल-मगोल
चलता जा और मुँह न खोल

शेर ने ढोल को आते देखा
तेज़ी से बल खाते देखा
गरज के बोला ढोल रे ढोल
कहाँ चला है जल्दी बोल

कहाँ गयी है मेरी बकरी
बोला यह है तेरी बकरी
बकरी की आवाज़ जो आयी
शेर पुकारा हैं हैं हैं

यह कह कर इक पंजा मारा
बकरी बोली मैं मैं मैं
टोट बटोट का तोता बोला
टोट बटोट की टें टें टें

टोट बटोट ने मुर्ग़ा पाला

टोट बटोट ने मुर्ग़ा पाला
तीन सरों दो चोंचों वाला
पाँव काले सर भी काले
दुम भी काली पर भी काले
अन्दर बाहर से है काला
टोट बटोट ने मुर्ग़ा पाला

चूहे को वह चट कर जाये
बिल्ली को वह नाच नचाये
ज़ाहिर में है भोला भाला
टोट बटोट ने मुर्ग़ा पाला

कोयल कव्वा कोंज कबूतर
तोता तितली तिलेर तीतर
इस मुर्ग़े का एक निवाला
टोट बटोट ने मुर्ग़ा पाला

इक मुँह से वह बाँग सुनाये
इक मुँह से वह बीन बजाये
हर एक उसका काम निराला
टोट बटोट ने मुर्ग़ा पाला

मीठे के वह पास न आये
खट्टा उसको रास न आये
खाता है वह मिर्च मसाला
टोट बटोट ने मुर्ग़ा पाला

सबसे उसकी शान जुदा है
कोई न चाहे क्या परवाह है
टोट बटोट है चाहने वाला
टोट बटोट ने मुर्ग़ा पाला

प्यारा टोट बटोट

कितना प्यारा टोट बटोट
मेरा प्यारा टोट बटोट
अल्लाह की क़ुदरत है न्यारी
हर इक चीज़ है प्यारी प्यारी
सबसे प्यारा टोट बटोट
मेरा प्यारा टोट बटोट
कोई आधा टोट बटोट है
कोई पौना टोट बटोट है
वह है सारा टोट बटोट
मेरा प्यारा टोट बटोट
कभी तुम्हारे घर में जाये
कभी हमारे घर में जाये
कभी तुम्हारा टोट बटोट
कभी हमारा टोट बटोट

शेर कहने लगा है टोट बटोट

शेर कहने लगा है टोट बटोट
आज शायर बना है टोट बटोट
बातें करने की उसको आदत है
वर्ना अच्छा भला है टोट बटोट
साल में एक रोज़ पढ़ता है
साल भर खेलता है टोट बटोट
लोग समझें किताब पढ़ता है
अस्ल में रो रहा है टोट बटोट
यूँ ही ऐनक लगायी है उसने
आँखों से देखता है टोट बटोट
शेर सुनता है जब वो जुम्मन के
शौक़ से झूमता है टोट बटोट

टोट बटोट ने खाया पान

टोट बटोट ने खाया पान
टोट बटोट बड़ा शैतान
घर वालों ने रोटी खायी
क़ीमा खाया बोटी खायी
टोट बटोट ने खाया पान
टोट बटोट बड़ा शैतान
मुँह में उसके दाँत नहीं है
पेट में उसके आँत नहीं है
फिर भी खाता जाये पान
टोट बटोट बड़ा शैतान
टोट बटोट ने जब मुँह खोला
टोट बटोट का अब्बा बोला
टोट बटोट ने खाया पान
टोट बटोट बड़ा शैतान

हर जगह एक सा है टोट बटोट

गरचे छोटा बड़ा है टोट बटोट
हर जगह एक सा है टोट बटोट
गेंद बल्ले का वह खिलाड़ी है
टेस्ट में खेलता है टोट बटोट
काम आता नहीं है यारों के
किस मर्ज़ की दवा है टोट बटोट
जिस्म पर उसके कोई माँस नहीं
चील का घोंसला है टोट बटोट
जिस तरफ़ भी गया नज़रबट्टू
रास्ते में मिला है टोट बटोट

टोट बटोट इक अफ़सर है

अब टोट बटोट की बात न कर
अब टोट बटोट इक अफ़सर है
अब छोटों का ज़िक्र ही क्या है
अब बड़े भी सहमे रहते हैं
अब जो वह मुँह से बात करे
सब जी हाँ जी हाँ कहते हैं

अब टोट बटोट क्लर्क नहीं
अब टोट बटोट इक अफ़सर है
पहले इक कमरा दफ़्तर था
अब पूरा बँगला दफ़्तर है

हर फाटक पर चपरासी है
हर दरवाज़े पर नौकर है
अब टोट बटोट क्लर्क नहीं
अब टोट बटोट इक अफ़सर है

पहले वह नंगे पाँव था
अब उसके पाँव में बूट भी है
पहले तो सिर्फ़ लँगोटी थी
अब कॉलर टाई कोट भी है

चढ़ता था पहले ठेले पर
अब उसके नीचे मोटर है
अब टोट बटोट इक अफ़सर है

रस भरा माल्टा है टोट बटोट

गोल और सुर्ख़ सा है टोट बटोट
रस भरा माल्टा है टोट बटोट
जब वो पैदा हुआ तो टोट ही था
दूसरे दिन बना है टोट बटोट
अस्ल में तो वो एक लड़की था
यूँ ही लड़का बना है टोट बटोट

सुब्ह को एक नन्हा मुन्ना था
शाम तक बन गया है टोट बटोट
टूटियाँ या बटूटियाँ जो हैं
उनमें सबसे बड़ा है टोट बटोट
सच कहा तूने ऐ मियाँ मिट्ठू
रस भरा माल्टा है टोट बटोट

आँकड़ा बाँकड़ा है टोट बटोट

शहर से दूर एक गाँव है
गाँव का नाम धूप छाँव है
उसमें रहते हैं टोटने सारे
इनमें सबसे बड़ा है टोट बटोट
आँकड़ा बाँकड़ा है टोट बटोट
शक्ल बिल्ली की रंग बिल्ली का
अक्ल बिल्ली की ढंग बिल्ली का
चूहे अब किस तरफ़ से गुज़रेंगे
रास्ते में खड़ा है टोट बटोट
बाप की बात भी नहीं सुनता
आप की बात भी नहीं सुनता
दूसरों से तो लड़ता रहता था
मुझसे भी लड़ पड़ा है टोट बटोट
आँकड़ा बाँकड़ा है टोट बटोट

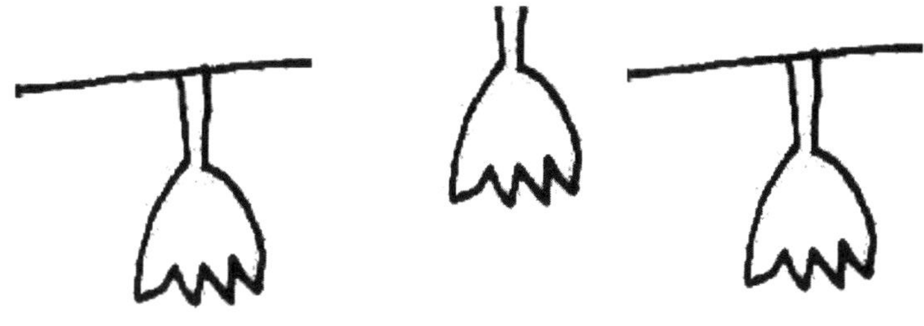

और नज़्में

आओ आओ सैर को जायें

आओ आओ सैर को जायें
बाग़ में जाकर शोर मचायें
उछलें कूदें नाचें गायें आओ आओ सैर को जायें
काले काले बादल आयें झूम झूम कर सर पर छायें
मेह बरसेगा ख़ूब नहायें आओ आओ सैर को जायें
बाग़ में ताज़ा फूल खिले हैं रंग बिरंगे फूल खिले हैं
हम भी अपना रंग जमायें आओ आओ सैर को जायें

किश्तियाँ लेकर कुछ काग़ज़ की
कोई बड़ी और कोई छोटी
पानी में रख दें बहायें
आओ आओ सैर को जायें
पत्ती लेकर इक पीपल की
बंसी एक बनायें हल्की
नाचें गायें नाचें गायें
आओ आओ सैर को जायें

क्या चीज़ लोगे?

क्या चीज़ लोगे?
चमचा कि थाली
थाली भरी है चमचा है ख़ाली
मैं लूँगा थाली

क्या चीज़ लोगे?
रोटी कि केला
रोटी है सबकी मैं हूँ अकेला
मैं लूँगा केला

क्या चीज़ लोगे?
केला कि बस्ता
बस्ता है मेरा फूलों का दस्ता
मैं लूँगा बस्ता

तब तुमको मानूँ मिल जाये सब कुछ
कहते थे तब कुछ देते हो अब कुछ
मैं लूँगा सब कुछ

बादल

काले बादल आयेंगे
आकर मेह बरसायेंगे
मेह में लोग नहायेंगे
काले बादल आयेंगे
मेह बरसेगा टप टप टप
साज़ बजेगा टप टप टप
हम नाचेंगे गायेंगे
काले बादल आयेंगे
गरज गरज कर आयेंगे
बिजली को चमकायेंगे
हम भी शोर मचायेंगे
काले बादल आयेंगे
बुलबुल गाना गायेगी
कोयल राग सुनायेगी
मेढक भी टर्रायेंगे
काले बादल आयेंगे

टीटू

टीटू की शामत आयी
टीटू ने दाल पकायी
टीटू ने दाल न खायी
होती थी रोज़ लड़ायी
मीटू की बारी आयी
मीटू ने खीर पकायी
दोनों ने मिलकर खायी
फिर बन गये भाई भाई

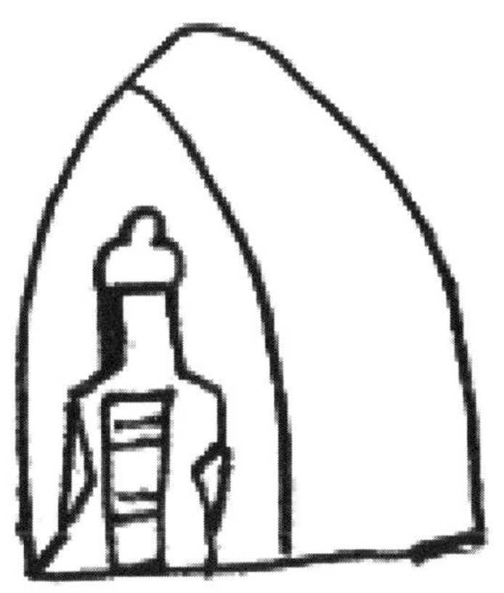

आया बसन्त मेला

आया बसन्त मेला मुन्ना फिरे अकेला
कुछ लोग आ रहे हैं कुछ लोग जा रहे हैं
कुछ देखते हैं मेला मुन्ना फिरे अकेला
लोगों के पास मोटर करती फिरे है टर टर
मुन्ने के पास ठेला मुन्ना फिरे अकेला
अब्बा न दे इकन्नी अम्मी न दे अधन्नी
पैसा मिले न धेला मुन्ना फिरे अकेला
कोई मिठाई खाये कोई चने चबाये
खाता है कोई केला मुन्ना फिरे अकेला
आता नहीं है कोई जाता नहीं है कोई
ख़ाली पड़ा है मेला मुन्ना फिरे अकेला

गुड़िया

कभी चुप कभी गुल मचाती है गुड़िया
हर इक तरह से दिल लुभाती है गुड़िया
न पूछो मिज़ाज इसका नाज़ुक है कितना
ज़रा कुछ कहो मुँह बनाती है गुड़िया
वह रोये तो मैं चुप कराती हूँ उसको
मैं रोऊँ तो मुझको हँसाती है गुड़िया
जो घर में कोई ग़ैर आये तो फ़ौरन
दुपट्टे से मुँह को छुपाती है गुड़िया
वह बुलबुल है मेरी वह मैना है मेरी
मुझे मीठे गाने सुनाती है गुड़िया
मुझे रात को नींद आती है जिस दम
मेरी चारपाई बिछाती है गुड़िया
किसी और के साथ जाती नहीं है
मेरे साथ बाज़ार जाती है गुड़िया
कभी मैं जो उसको बुलाती नहीं हूँ
तो ख़ुद आके मुझको बुलाती है गुड़िया
अकेला मुझे छोड़ती ही नहीं है
मुझे साथ अपने सुलाती है गुड़िया

कोई और देखे तो लगती है रोने
मुझे देखकर मुस्कुराती है गुड़िया
किसी के भी वह साथ रहती नहीं है
अजब शान अपनी दिखाती है गुड़िया
कोई बैठ जाये तो उठ बैठती है
जो आता है कोई तो जाती है गुड़िया
सबक़ मेरा मुझसे वह सुनती है आकर
सबक़ अपना मुझको सुनाती है गुड़िया
जो उठ बैठती है कभी मुँह अँधेरे
तो रो रो के सबको जगाती है गुड़िया
बस अब और तुम उसकी बातें न पूछो
बस अब चुप रहो तुम कि आती है गुड़िया

तारे

रात आयी और जागे तारे
नन्हे मुन्ने छोटे छोटे गोल मटोल और मोटे मोटे
आ बैठे हैं मिलकर सारे रात आयी और जागे तारे
देखो कैसे चमक रहे हैं गोया मोती दमक रहे हैं
कितने अच्छे कितने प्यारे रात आयी और जागे तारे
थक जाते हैं चलते चलते आख़िर आँख मलते मलते
सो जाते हैं नींद के मारे रात आयी और जागे तारे
चुपके चुपके हँसते रहना सब कुछ आँखों ही में कहना
सारे इनके काम हैं न्यारे रात आयी और जागे तारे
चार नहीं हैं आठ नहीं हैं बीस नहीं हैं साठ नहीं हैं
लाखों हैं यह दोस्त हमारे रात आयी और जागे तारे
इनसे खेले जी बहलाये या कोई चुपके से सो जाये
कैसे कोई रात गुज़ारे रात आयी और जागे तारे

कोई इनके भेद न पाये बात करें आवाज़ न आये
चुपके चुपके करें इशारे रात आयी और जागे तारे
लाख पुकारो लाख बुलाओ लाख कहो तुम आओ आओ
कभी न आयें पास तुम्हारे रात आयी और जागे तारे

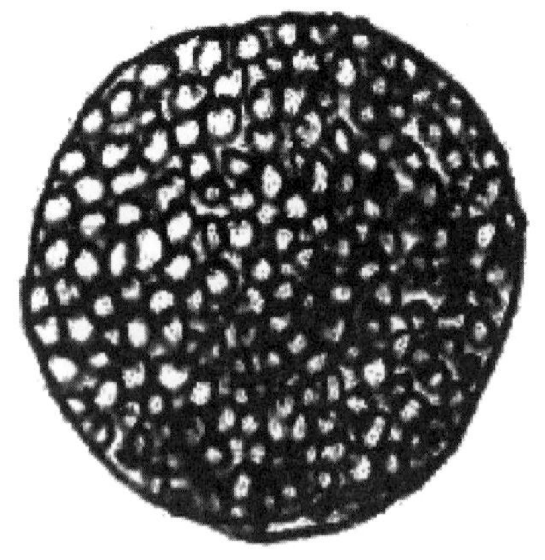

सुरैया की गुड़िया

सुनो इक मज़े की कहानी सुनो
कहानी हमारी ज़ुबानी सुनो
सुरैया की गुड़िया थी छोटी बहुत
न दुबली बहुत और न मोटी बहुत
जो देखो तो नन्ही सी गुड़िया थी वह
मगर इक शरारत की पुड़िया थी वह
जो सोती तो दिन रात सोती थी वह
जो रोती तो दिन रात रोती थी वह
न अम्मी के साथ और न भय्या के साथ
वह हर वक़्त रहती सुरैया के साथ
सुरैया ने इक दिन यह उससे कहा
मेरी नन्ही गुड़िया यहाँ बैठ जा
बुलाया है अम्मी ने आती हूँ मैं
खटौली में तुझको सुलाती हूँ मैं
वह नादान गुड़िया ख़फ़ा हो गयी
वह रोई वह चिल्लाई और सो गयी
अचानक वहाँ इक परी आ गयी
खुली आँख गुड़िया की घबरा गयी

तो बोली परी मुस्कराती हुई
सुनहरी परों को हिलाती हुई,
‘इधर आओ तुम मुझसे बातें करो
मैं नाज़ुक परी हूँ न मुझसे डरो’
वह गुड़िया मगर और भी डर गयी
लगी चीख़ने, ‘हाय मैं मर गयी
मेरी प्यारी आपा बचा लो मुझे
किसी कोठरी में छुपा लो मुझे’
सुरैया ने आकर उठाया उसे
उठाकर गले से लगाया उसे
गले से लगाते ही चुप हो गयी
वह चुप हो गयी और फिर सो गयी
सुरैया को देखा परी उड़ गयी
जिधर से थी आयी उधर मुड़ गयी

राजा रानी की कहानी

आओ बच्चो सुनो कहानी
एक था राजा एक थी रानी
दोनों इक दिन शहर में आये
शहर से इक इक गुड़िया लाये
राजे की गुड़िया थी दुबली
रानी की गुड़िया थी मोटी
राजे की गुड़िया थी लम्बी
रानी की गुड़िया थी छोटी
राजा बोला, 'मेरी गुड़िया
मेरी गुड़िया बड़ी सयानी
गुड़ियाओं में जैसे रानी'
रानी बोली, 'मेरी गुड़िया
मेरी गुड़िया के क्या कहने
अच्छे-अच्छे गहने पहने'
राजा बोला, 'मेरी गुड़िया
मेरी गुड़िया बीन बजाये'

रानी बोली, 'मेरी गुड़िया
मेरी गुड़िया नाच दिखाये
उछले कूदे शोर मचाये'
दोनों में बस हुई लड़ाई
दोनों ने की हाथापाई
रानी बोली, 'सुन मेरी बात
मेरी गुड़िया के दो हाथ
एक से खाये दाल चपाती
एक से खाये साग और पात'
राजा बोला, 'बस चुपकर
मेरी गुड़िया के दो सर
जैसे चिड़िया के दो पर
एक इधर और एक उधर'
रानी बोली, 'हूँ हूँ हूँ
मेरी गुड़िया के दो मुँह
एक से खाये गर्म पकौड़े
एक से बोले सूँ सूँ सूँ'
इतने में इक बुढ़िया माई
दौड़ी दौड़ी अन्दर आयी
आते ही इक डाँट बतायी,

‘क्या है झगड़ा क्या है लड़ाई
यह भी गुड़िया वह भी गुड़िया
यह भी सयानी वह भी सयानी
तू है राजा तू है रानी
ख़त्म करो ये राम कहानी’

टोट बटोट : हमारी अन्तरात्मा का पर्याय

ख़ालिद जावेद

सूफ़ी तबस्सुम का शुमार उर्दू के बेहतरीन अदीबों में होता है। बच्चों के लिए उन्होंने जो नज़्में लिखी हैं, वे किसी कारनामे से कम नहीं हैं। ख़ास तौर पर टोट बटोट की श्रृंखला की नज़्में। टोट बटोट का किरदार बच्चों की दुनिया का नाक़ाबिले फ़रामोश (न भुलाया जा सकने वाला) किरदार है। मगर इस किरदार से न सिर्फ़ बच्चों को बल्कि हम सबको अपने ज़माने को समझने और ख़ुद अपने आप को समझने में मदद मिल सकती है। हम सबके अन्दर एक 'टोट बटोट' छुपा हुआ है; बदलते हुए ज़माने के रंग में ढलता हुआ और वक़्त के साथ बहता हुआ। इन नज़्मों में 'टोट बटोट' के हवाले से सारी फ़ितरत (प्रकृति) और मज़ाहिरे कायनात (दुनिया के चमत्कार) को समेट लिया गया है। यहाँ चरिन्द-परिन्द और फूल-पौधे सब चलते-फिरते किरदार नज़र आते हैं, अपनी ख़्वाहिशों, आरज़ुओं और लतों के साथ। हमारे सांस्कृतिक मूल्यों की वापसी और नैतिक मूल्यों के हवाले से भी ये नज़्में बच्चों के लिए लिखी गयी दूसरे अदीबों की नज़्मों से बिलकुल मुख़्तलफ़ और विलक्षण हैं।

इन नज़्मों को पढ़कर यह लगता है कि हमें भी अपने अन्दर बैठे हुए टोट बटोट पर नज़र रखनी चाहिए कि क्या पता वो कब क्लर्क से बड़े अफ़सर में बदल जाए। यूँ देखा जाए तो टोट बटोट हमारी अन्तरात्मा का पर्याय बन जाता है।

संगीता गुन्देचा हिन्दी की मारूफ़ और मुनफ़रिद शायरा

और कहानीकार हैं। सूफ़ी तबस्सुम की इन नज़्मों का चयन उनकी उच्च स्तर की समझ और सौन्दर्यबोध का जीता-जागता सुबूत है। उन्होंने टोट बटोट की इन नज़्मों का लिप्यन्तरण उर्दू अनुवादिका और फ़ारसी की अध्येता मरहूमा शाहबानो की मदद से कुछ बरस पहले किया था। यह बहुत उम्दा लिप्यन्तरण है क्योंकि इसमें उर्दू के बुनियादी मुहावरे की बड़ी ख़ूबी से हिफ़ाज़त की गयी है। मैं मरहूमा शाहबानो को ख़िराजे-अक़ीदत (श्रद्धांजलि) और संगीता गुन्देचा को इस उम्दा लिप्यन्तरण और सम्पादन के लिए मुबारकबाद पेश करता हूँ।

ख़ालिद जावेद
सितम्बर २०१८
नयी दिल्ली